# FÊTE

DU

cinquantenaire de " l'Union Pharmaceutique "

ET DE

## LA FONDATION

de la " Société d'Histoire de la Pharmacie "

## BANQUET DU 13 FÉVRIER 1913

Honoré de la présence de M. le Ministre des Colonies

Présidé par M. le Professeur CAZENEUVE, Sénateur.

# FÊTE

## DU

# Cinquantenaire de "l'Union Pharmaceutique"

### ET DE LA

# Fondation de la "Société d'Histoire de la Pharmacie"

---

## BANQUET DU 13 FÉVRIER 1913

*Honoré de la présence de M. le Ministre des Colonies.*

Présidé par M. le Professeur CAZENEUVE, Sénateur.

---

Dans la soirée du jeudi 13 février 1913, le Palais d'Orsay a été le théâtre d'une manifestation grandiose relatée par la grande presse, inoubliable pour ceux qui ont eu la joie d'y participer.

En vue de commémorer le cinquantenaire de l'*Union Pharmaceutique*, le directeur et les conseillers de la Pharmacie Centrale de France avaient convié à un banquet solennel tous les personnages marquants qui contribuèrent au succès du journal ou s'y intéressèrent. Les acceptations étaient arrivées plus nombreuses qu'on n'aurait osé l'espérer.

De bonne heure les salons de réception étaient réellement trop exigus pour contenir les 300 convives dont on annonçait les noms à chaque seconde. Des amis sincères étaient accourus de l'étranger et de la province.

Des messages fort sympathiques étaient venus apporter les regrets des manquants ; les organisateurs furent particulièrement touchés de recevoir du savant docteur Johnsson, de Copenhague, un télégramme ainsi libellé : « Vive l'*Union !* Vive la science française ! Vive la France ! »

M. Charles Buchet répondit aussitôt : « Très émus par vos vœux, souhaitons prospérité aux savants et au peuple danois, amis de notre pays. »

M. Jean Morel, ministre des colonies, qui est en même temps un des pharmaciens les plus éminents de notre époque, avait, en acceptant l'invitation qui lui avait été faite, tenu à prouver combien il est resté fidèlement attaché à sa profession et à ses confrères. A 8 heures, il fait son entrée dans la salle du banquet, encadré de M. le sénateur Cazeneuve, du directeur et du président du Conseil de la Pharmacie Centrale de France.

Les girandoles s'illuminent entre les colonnes dorées ; la *Marseillaise* retentit. Grâce aux plans qui ont été remis à chaque invité, les onze tables qui remplissent l'immense salle se garnissent très vite et sans confusion.

M. le docteur Cazeneuve, sénateur, professeur à la Faculté de Médecine et de Pharmacie de Lyon, va présider avec le tact et la distinction qui lui sont coutumiers.

Les services se succèdent pendant deux heures, tandis que les conversations s'échangent et qu'un orchestre d'élite exécute des motifs distingués ou accompagne de remarquables soli.

L'heure des toasts étant arrivée, M. le Président réclame le silence en faveur de

M. Charles BUCHET

*Directeur de la Pharmacie Centrale de France,*

qui se lève et discourt ainsi :

« Messieurs,

« Mes premiers mots seront des paroles de reconnaissance envers M. Jean Morel, Ministre des Colonies, pour le bel honneur qu'il nous fait en venant rehausser de son grand prestige l'éclat de cette fête de la science et du travail. Nous n'avons eu garde d'oublier que lors de son premier ministère, M. Jean Morel voulut bien également participer à l'inauguration du nouveau local des Laboratoires Bourbouze, montrant ainsi sa haute sollicitude pour les œuvres utiles et désintéressées. *(Longs applaudissements.)*

« Je remercie également M. Steeg, ministre de l'Instruction publique et des Beaux-Arts, que la société des mêmes laboratoires s'honore d'avoir pour président, de l'appréciable faveur qu'il nous a faite en déléguant vers nous à titre officiel M. Galezowski, et de la même façon je suis reconnaissant à M. Fernand David, ministre de l'Agriculture, de s'être aimablement fait représenter ici par M. Eugène Roux. Ces messieurs voudront bien transmettre à MM. les ministres mes sentiments de respectueuse gratitude.

« C'est encore pour moi un agréable devoir de saluer parmi nos convives :

« MM. les anciens ministres Boucher et Yves Guyot; M. le sénateur Cazeneuve; M. Brunot, maire du XIVe arrondissement; MM. Dardanne, maire et Failliot, député du IVe arrondissement, avec MM. les adjoints, conseillers d'arrondissement et conseillers municipaux de notre quartier; MM. les députés Barthe, Cabrol, Caudace, Félix Chautemps, Godard, Lacour, Lalanne.

« Parmi les nombreux représentants du monde scientifique qui nous ont fait l'honneur de venir au milieu de nous, je suis fier de citer M. Henri Gautier, directeur de l'Ecole supérieure de Pharmacie de Paris, président de la *Société d'Histoire de la Pharmacie ;* M. Camille Bloch, inspecteur général des archives et bibliothèques, chargé de conférences à la Sorbonne et vice-président de la même société ; M. Jonas, président de la Société royale de Pharmacie de Bruxelles, venu tout exprès de Belgique pour honorer notre fête ; MM. Haller et Moureu, membres de l'Institut ; M. Lindet, président de la Société d'Encouragement de l'Industrie nationale ; M. Poulenc, vice-président de la Société chimique de France ; M. Michel, président du Syndicat de la Droguerie Française, MM. les docteurs Raphaël Blanchard et Desgrez, professeurs à la Faculté de Médecine ; M. le prof. Grimbert, directeur de la Pharmacie Centrale des hôpitaux ; M. Chabrier, directeur de l'Institut de chimie appliquée ; M. Perraud, pharmacien principal des troupes coloniales ; M. le docteur Henriot, directeur des essais à la Monnaie, et tous ceux qui nous excuseront de ne pas les nommer, mais pour lesquels notre reconnaissance n'est pas moins vive : MM. les membres de l'Académie de Médecine ; MM. les professeurs et agrégés de l'Ecole supérieure de Pharmacie de Paris ; MM. les pharmaciens des hôpitaux ; MM. les chefs de travaux pratiques et de laboratoires, et les nombreux amis de la Pharmacie Centrale de France. »

Après chacun des noms qui précèdent, des applaudissements empressés interrompent continuellement l'orateur, qui poursuit de cette façon :

« MESSIEURS,

« Il y a quelque huit ans, à pareille époque, la plupart d'entre nous se trouvaient réunis pour une fête commune dans les salons du Grand-Hôtel. M. Trouillot, ministre du Commerce, présidait ; nombreux et distingués étaient les représentants du monde parlementaire, savant et industriel. Cette soirée solennisait un cinquantenaire : celui de la Pharmacie Centrale des Pharmaciens de France.

« Je me trouvais à ce moment dans un état d'émotion fort intense. Bien que ma personnalité ne fût pour rien dans le succès de cette grande manifestation, je ne pouvais m'empêcher d'éprouver quelque fierté dans cette atmosphère d'immense sympathie venant auréoler l'œuvre que les circonstances ont placée sous ma direction.

« Car si la charge de conduire un établissement tel que le nôtre est parfois délicate et presque accablante, elle offre comme juste compensation l'inappréciable joie de sentir groupées autour de l'œuvre une foule d'amitiés solides. C'est là le meilleur stimulant qui puisse engager un directeur à lutter de toutes ses forces pour maintenir intacte la très vieille réputation de la Pharmacie Centrale de France. *(Vives approbations.)*

« Puisque nous avions célébré l'heureux cinquantenaire de la maison industrielle, ne devions-nous pas fixer pareillement dans la mémoire de tous celui de l'organe bienfaisant qui avait marché

*

parallèlement dans la voie du succès ? Il le fallait, car cet organe n'appartient pas seulement à la Pharmacie Centrale de France, il est la propriété du corps pharmaceutique tout entier, à la grandeur duquel il se trouve lié d'une manière indissoluble. Mais comment fêterions-nous cet événement? Une simple réunion d'amis serait-elle suffisante? — Nous ne l'avons pas pensé.

« Nous avons cru convenable et utile de retracer l'enfance et l'adolescence de ce journal qui, aujourd'hui, est presque un vieillard; vieillard toujours vert, il est vrai, et que les années fortifient au lieu d'abattre.

« Mieux encore, nous avons pensé que la fête de notre *Union Pharmaceutique* serait aussi celle des nombreuses revues qui l'ont précédée, ainsi que de ses contemporaines : le *Journal de Pharmacie et de Chimie*, le *Bulletin des Sciences pharmacologiques*, la *Revue Scientifique*, le *Bulletin de l'Association générale des Pharmaciens de France*, les *Annales des Falsifications*, la *Pharmacie Française*, la *Revue moderne de Pharmacie*, le *Journal de la Société royale de Bruxelles*, le *Répertoire de Pharmacie*, la *Revue de Chimie analytique*, le *Bulletin des Docteurs en Pharmacie* et toutes les vaillantes revues de province et de l'étranger qui donnent sans cesse des preuves de leur dévouement au bien public. C'est pour rendre hommage à toutes, sans distinction, que nous avons publié ce livre-souvenir intitulé : *Deux siècles de presse au service de la pharmacie et Cinquante ans de « L'Union Pharmaceutique »*. Cette étude sérieuse et définitive est due à un jeune historien de talent : M. Eugène Guitard, fils de notre plus ancien collaborateur à la Pharmacie Centrale de France.

« Seulement, une curiosité en éveille une autre, un labeur nous conduit vers un autre labeur. Rendre hommage aux publicistes de la pharmacie est bien, mais il serait mieux encore d'honorer, en les tirant de l'oubli, tous ceux qui par le moyen de la presse ou en dehors d'elle ont travaillé avant nous pour le progrès et la gloire de la pharmacie. Beaucoup d'entre nous s'intéresseraient au passé de leur profession s'ils étaient encouragés, secondés, unis. Eh bien ! il est temps de leur fournir ces encouragements et cette aide ; il est temps qu'une union sur cet objet désintéressé et aimable se réalise.

« Messieurs, nous vous invitons à acclamer ce soir la création de la Société d'Histoire de la Pharmacie, fondée il y a dix jours à peine. Nous vous engageons à vous inscrire sur la liste de ses membres, à lui adresser vos communications et vos travaux ; nous vous demandons enfin d'applaudir chaleureusement son Président d'honneur M. Guignard, notre vénéré maître ; son Président M. Henri Gautier, le directeur aimé de l'Ecole de Pharmacie ; son Vice-Président M. Camille Bloch, Inspecteur général des archives et bibliothèques ; son secrétaire perpétuel M. le docteur Paul Dorvaux ; son secrétaire général M. Eugène Guitard, et son trésorier M. Toraude. (*Applaudissements répétés.*)

« Vous contribuerez ainsi au succès d'une entreprise qui n'a à l'heure actuelle d'équivalent dans aucun pays du monde, mais qui aura sans doute de nombreux émules.

« L'*Union Pharmaceutique* sera heureuse de fournir au jeune groupement une aide et une hospitalité des plus larges. Sa récompensé sera dans le souvenir impérissable de cette fête qui rappellera d'heureuses noces d'or à côté d'un joyeux baptême. *(Bravos.)*

« Il me reste à saluer, Messieurs, la mémoire de ceux qui ont assuré depuis 1860 la prospérité de notre journal.

« Notre génial prédécesseur François Dorvault le créa moins de sept ans après avoir fondé la Pharmacie Centrale de France : il le destinait avant tout et par dessus tout à la défense des intérêts matériels de la profession. Il fut admirablement secondé d'abord par le Bordelais Perrens, comme lui un bienfaiteur de la pharmacie, puis par Dubrac, par Eugène Lebaigue, Frédéric Wurtz, enfin par le docteur O'Rorke. A la mort de ce dernier, en 1878, Emile Genevoix, qui a laissé dans nos mémoires la trace d'un homme généreux et bon, instruit et disert, prit en mains la direction de la Pharmacie Centrale de France et de son journal. Aussitôt il nomma rédacteur principal un ami qui l'avait justement séduit par la sincérité de ses sentiments confraternels et l'élégance de son style : vous avez reconnu Eusèbe Ferrand, que nous eûmes la douleur de perdre deux ans après mon regretté prédécesseur, c'est-à-dire en 1892. Je manquerais à tous mes devoirs, si je ne vous signalais que nous avons la joie de posséder ce soir les fils des trois hommes qui ont le plus fait pour le succès de notre chère *Union* : M. le docteur François Genevoix, secrétaire du Conseil de la Pharmacie Centrale de France, M. Francis Dorvault et M. l'ingénieur Ferrand : je les salue avec émotion. *(Manifestation sympathique.)*

« A la mort d'Eusèbe Ferrand, m'incombait à mon tour la tâche de choisir un rédacteur digne de l'œuvre. Vous m'excuserez si pour une fois je me décerne un éloge en estimant que j'ai fait un choix heureux : M. le docteur Lucien Viron, pharmacien en chef de l'hôpital de la Salpêtrière, a porté l'*Union Pharmaceutique* à un point de perfection qu'il sera difficile de dépasser. *(Ovation de quelques minutes.)*

« M. le docteur Lucien Viron, le héros de cette fête, est né dans le Loiret, c'est-à-dire au cœur de la France. Il est venu de bonne heure à Paris et a rapidement conquis ses titres d'interne des hôpitaux, de pharmacien, de licencié ès-sciences naturelles, docteur en médecine, lauréat de la Faculté. Le voilà bientôt préparateur sous des maîtres réputés, puis professeur lui-même à Sèvres, aux écoles municipales d'infirmiers, à l'Ecole dentaire de France, enfin pharmacien en chef de la Salpêtrière.

« Dans tous ces laborieux emplois comme dans la rédaction de l'*Union Pharmaceutique*, M. Viron a apporté les qualités de son esprit infatigable et lucide : c'est un merveilleux vulgarisateur.

« Il m'est impossible de rappeler ici les noms de tous nos autres collaborateurs, dont quelques-uns sont aujourd'hui réunis autour de ces tables ; je saluerai seulement la mémoire de l'illustre Bouchardat qui après la cession de son journal fut étroitement associé à notre œuvre.

« A ceux que la mort nous a ravis, comme à ceux dont la plume continue à nous charmer et à nous instruire, à ceux même qui n'ont pas écrit pour nous, mais qui nous ont encouragés en lisant fidèlement l'*Union Pharmaceutique*, à tous, j'ai le devoir de dire aujourd'hui combien est grande envers eux la gratitude de la Pharmacie Centrale de France et de son Directeur. Avec vous, Messieurs, je porte un toast chaleureux à la pharmacie française rendue plus savante, plus considérée, plus unie et plus prospère par la bienfaisante influence de ses journaux, je porte un toast à nos journalistes passés et présents, aux revues qu'ils rédigent, à l'*Union Pharmaceutique*, enfin au futur et triomphant cinquantenaire de la Société d'Histoire de la Pharmacie ! »

Quand le tumulte approbateur est un peu calmé, M. le Sénateur Cazeneuve donne la parole à

## M. Calixte CRINON,

*Président du Conseil de surveillance de la Pharmacie Centrale de France,*

qui prononce le discours suivant :

« Messieurs,

« Il y a quelques années, la Pharmacie Centrale de France organisait une solennité semblable à celle d'aujourd'hui, pour célébrer son cinquantenaire. Il s'agissait alors d'une manifestation ayant un caractère commercial. La fête d'aujourd'hui est bien différente, car elle a pour but de révéler la Pharmacie Centrale comme journaliste scientifique.

« Dorvault, après avoir fondé la Pharmacie Centrale, avait bien vite compris que son œuvre ne serait complète que s'il éditait un journal se consacrant exclusivement à l'étude des questions intéressant ses confrères.

« Si l'organe qu'il avait projeté de créer ne vit pas le jour avant 1860, c'est que les professeurs Chevalier et Bouchardat qui publiaient, l'un, le *Journal de Chimie médicale*, l'autre le *Répertoire de Pharmacie*, n'avaient pas dissimulé à Dorvault les craintes que leur inspirait l'apparition d'un recueil concurrent; mais, peu à peu, ces appréhensions s'évanouirent et l'*Union Pharmaceutique* parut.

« Aux yeux de Dorvault, ce recueil devait servir de trait d'union entre les coopérateurs qu'il avait su grouper et leur permettre d'échanger leurs idées entre eux et avec le Directeur de la Pharmacie Centrale. Son intention était aussi de traiter dans son journal des questions d'intérêt professionnel que négligeaient les autres journaux. Le plan que s'était tracé Dorvault était on ne peut plus judicieux ; en effet, lorsque le jeune étudiant quitte les bancs de l'école, il a acquis un bagage scientifique plus ou moins complet, qui lui permet de subir ses examens et conquérir le diplôme qu'il convoite : dès qu'il est en possession du parchemin qui lui donne le droit d'exercer, il s'établit; il est alors absorbé par de multiples occupations qui accaparent à peu près tous ses instants. Il ne doit pourtant pas rompre d'une façon absolue avec les sciences variées dont ses maîtres ont meublé son esprit. La science n'est pas stationnaire; ses progrès sont aussi rapides qu'incessants, et celui qui négligerait les moyens de continuer à s'instruire risquerait de devenir incapable de remplir convenablement ses devoirs professionnels. La plupart des pharmaciens n'ont plus le loisir de lire à tête reposée des ouvrages de grande envolée. Le journal de pharmacie, s'il remplit bien son rôle, se charge de leur apporter périodiquement les renseignements leur permettant de se tenir au courant des découvertes, des nouveautés importantes qui se produisent dans le domaine des sciences pharmaceutiques. Les rédacteurs de ce journal, qui sont généralement pharmaciens eux-mêmes, connaissent parfaitement les besoins de leurs lecteurs ; leur tâche consiste à beaucoup lire, de manière à faire une sélection raisonnée des articles qui les ont frappés et à publier tout ce qui leur semble susceptible d'intéresser et d'instruire les pharmaciens.

« Nous entendons parfois des confrères un peu sceptiques qui jugent inutile l'extension donnée aux nouveaux programmes d'études pharmaceutiques. Etant donnée l'évolution rapide qui a modifié depuis plusieurs années le caractère de notre profession, étant donné que, de plus en plus, le pharmacien est réduit au rôle de distributeur de médicaments vendus sous cachet, on est, en effet, quelque peu fondé à se demander pourquoi on impose aux pharmaciens des études théoriques aussi complètes. On peut regretter le temps passé où le pharmacien préparait la plupart des médicaments dans son laboratoire convenablement outillé.

« Ce bon temps reviendra-t-il ? Il est permis d'en douter. Quoi qu'il en soit, le pharmacien doit rester sinon le savant de grande envergure, dont les recherches inlassables ont pour but de sonder les profondeurs de l'inconnu, mais l'érudit modeste qui est appelé à donner chaque jour à ses concitoyens des avis éclairés sur des questions d'hygiène, d'épuration d'eau, etc. Il doit s'exercer dans la pratique des analyses, principalement celles des denrées alimentaires, et, à ce point de vue, lorsque le Parlement aura définitivement voté l'institution du diplôme de chimiste-expert, dont M. le professeur Cazeneuve a si opportunément pris l'initiative, il rendra à la société de signalés services, principalement dans les petites villes, qui sont généralement dépourvues de chimistes suffisamment compétents. Il doit encore s'adonner à la chimie biologique et devenir ainsi l'auxiliaire du médecin désireux d'établir son diagnostic sur des bases scientifiques. (*Approbations nombreuses.*)

« Un pharmacien belge, Van Hulst, qui jouissait d'une grande considération auprès du corps pharmaceutique de son pays et dont les mérites ont été appréciés à leur valeur par les pouvoirs publics, qui lui ont confié la fonction d'inspecteur des pharmacies, ne manquait pas de répéter, chaque fois qu'il en trouvait l'occasion, les paroles suivantes : « La pharmacie, disait-il, sera scientifique ou elle « ne sera pas. »

« Tel est l'avis de toutes les personnes qui ont une claire vision de la destinée et de l'avenir de la pharmacie.

« La pharmacie n'est plus ce qu'elle était il y a deux siècles ; à cette époque, la préparation des remèdes, leur application, reposaient sur l'empirisme. A la fin du dix-huitième siècle et surtout au début du dix-neuvième, la chimie prit naissance ; on commença à pénétrer la véritable nature des corps, ainsi que leur composition ; on isola les principes actifs de certaines plantes ; ces découvertes contribuèrent à faire de la pharmacie un art reposant sur des données sérieuses ; et, depuis cette époque, que de progrès ont été réalisés

« Comment les pharmaciens qui se sont succédé ont-ils connu ces progrès ? Par les journaux professionnels. Le premier journal scientifique fut à peu près nécessairement un journal de chimie ; ce furent les *Annales de chimie*, qui parurent en 1789.

« Quelques années plus tard, la Société des pharmaciens de Paris fonda le *Journal de la Société des pharmaciens de Paris* ; en 1909, vit le jour le *Bulletin de Pharmacie* qui est devenu plus tard le *Journal de pharmacie et de chimie*. Puis viennent successivement le *Journal de chimie médicale* et le *Répertoire de pharmacie*. Je ne mentionne ici que les recueils ayant plus de cinquante années d'existence. Ces recueils remplirent de leur mieux, sous la direction de collaborateurs plus ou moins éminents, le rôle de vulgarisateurs incombant à la presse scientifique, et lorsque Dorvault créa l'*Union Pharmaceutique*, il eut à cœur de donner à cette nouvelle feuille une allure lui permettant de faire bonne figure à côté de ses aînés. Absorbé lui-même par la direction de l'établissement commercial qu'il dirigeait, il confia la rédaction de l'*Union* à des collaborateurs qui furent dans l'ordre chronologique Perrens, Dubrac, Eugène Lebaigue, Frédéric Wurtz, O'Rorke.

« Lorsque Genevoix succéda à Dorvault comme directeur de la Pharmacie Centrale, il choisit comme rédacteur en chef de l'*Union Pharmaceutique* son vieil ami Eusèbe Ferrand, qui grâce à ses connaissances variées, donna à ce journal un cachet qui augmenta sa valeur scientifique. A sa mort, M. Charles Buchet l'a remplacé par le docteur Viron, dont l'éloge n'est pas à faire. Son œuvre est bien vivante et chacun des lecteurs de l'*Union* l'apprécie à sa valeur ; ils sont unanimes à louer la conscience avec laquelle ce zélé rédacteur en chef analyse et résume les nombreux articles qu'il emprunte aux nombreux journaux de tous les pays qui font l'échange avec l'*Union* comme avec les autres journaux.

« Tel est en deux mots l'historique du journal que nous fêtons aujourd'hui. La grandiose manifestation qui a été organisée en son honneur et à l'occasion de laquelle nous sommes actuellement réunis dans cette salle constitue un éclatant hommage rendu à la science, ce flambeau étincelant qui illumine chaque jour des horizons plus nombreux et jusqu'ici obscurs.

« Au nom du Conseil de surveillance de la Pharmacie Centrale de France, je bois à la prospérité de l'*Union Pharmaceutique* ; je bois à la presse pharmaceutique en général. » (*Vifs applaudissements.*)

A la harangue de M. Calixte Crinon succède immédiatement celle que l'on va lire et dont l'auteur est

M. Henri GAUTIER,

*Directeur de l'École Supérieure de Pharmacie de Paris,*
*Président de la Société d'Histoire de la Pharmacie.*

« Messieurs,

« Notre aimable amphitryon, M. Charles Buchet, qui nous a conviés ce soir à fêter le cinquantenaire de l'*Union Pharmaceutique* en même temps que la naissance d'une société nouvelle, n'a rien négligé, vous vous en êtes aperçus, pour la satisfaction de ses convives, mais il a fait mieux encore : il a voulu les instruire en facilitant la tâche de ses orateurs. En effet, je dois pour ma part le remercier de m'avoir fourni le texte, — vous verrez que ce n'est pas un simple prétexte, — de la brève allocution que j'ai l'honneur de vous adresser en ce moment.

« Ce texte, chacun de vous l'a sous les yeux : il n'est pas en latin et quiconque peut aisément le déchiffrer : c'est la fine gravure qui encadre le menu d'un excellent festin, c'est ce dessin qui représente un vase pharmaceutique.

« Je ne sais, Messieurs, si vous avez lu le savant opuscule que M. Paul Dorveaux, le sympathique bibliothécaire de l'Ecole de Pharmacie, a écrit sur les pots en usage dans les anciennes pharmacies. Si vous ne l'avez fait, vous êtes excusables, car le tirage en est depuis longtemps épuisé. Dans ces pages si pleines d'intérêt vous auriez pu voir, — et la chose est bien naturelle, — que l'origine de ces récipients remonte aussi haut que celle des remèdes. De ces vases, les uns étaient grossièrement taillés dans le bois ou dans la corne, les autres finement ciselés dans le marbre, le jaspe ou l'albâtre ; certains étaient de verre, d'autres d'étain, les plus nombreux en porcelaine ou en faïence décorées avec art.

« Quant aux formes, elles furent dès l'origine merveilleusement appropriées à la consistance des drogues auxquelles elles étaient destinées ; les noms de ces récipients en étaient variés comme les sortes. Admirez ces *cruches* à sirops, à la panse rebondie, à l'anse gracieuse ; ces *chevrettes* dont le bec, effilé comme une petite corne, dégorgeait lentement huiles ou miels ; ces *bouteilles* au col gracile, si convenables aux eaux distillées, et ces gros cylindres qu'on appelait *canons*, où les onguents et les baumes reposaient au frais sous d'épais couvercles, et ces *piluliers* ornés de perles, et ces énormes *vases à thériaque*, outres géantes dont certaines ont contenu jusqu'à 2.000 livres de la panacée alors à la mode.

« Une simple anecdote me permettra de vous montrer quelle place le pot à médicaments tenait dans la vie professionnelle de nos prédécesseurs.

« Le 16 septembre 1709, un cortège imposant de gens à robe, flanqués de massiers, suivait la rue Saint-Jacques, salué par une foule curieuse et respectueuse d'écoliers et de bourgeois. C'était une délégation de la noble Faculté de Médecine, présidée par le doyen en personne et accompagnée de trois maîtres apothicaires, qui procédaient, suivant les règlements, à une visite des officines. Soudain, la boutique d'un simple épicier frappa l'attention des inspecteurs et, contre leur habitude, retint leurs pas. A la devanture brillaient « huit potz de fayance appelés chevrettes » que tous savaient être « à l'usage de l'apothicairerie seulement ». Ils entrèrent. Le marchand n'aurait jamais espéré un tel honneur. Les inspecteurs lui remontrèrent alors sévèrement que « cet étalage pourroit tromper le public, pour s'adresser à luy et acheter des drogues qu'il ne luy est pas permis de composer ny de débiter ». L'épicier se confondit en excuses et enleva les pots, qui ne contenaient que de la canelle et quelques épices. De ce fait il se vit infliger, pour son imposture, une forte amende, par sentence du lieutenant de police. Maintes autres fois on affirma le droit exclusif des apothicaires à exposer des pots spéciaux à l'exercice de leur art. Voilà bien, sans doute, l'origine de ces flacons remplis de liquides colorés qui désignent encore aujourd'hui plus d'une officine.

« Vous avez appris, ces jours-ci, qu'un courant extrêmement intéressant est en train de se former au sein de notre chère profession : des hommes généreux et avertis ont fondé une Société historique, dont je suis très flatté d'avoir été nommé le président. C'est même à ce titre que je dois l'honneur de prendre, ce soir, la parole devant vous. Car notre président d'honneur, M. Guignard, qui eût été certainement mieux qualifié que moi pour représenter cette société naissante, m'a prié de l'excuser auprès de vous et de prendre ici sa place. Fatigué par un labeur incessant, résultant de ses travaux de laboratoire et de l'examen des nombreuses questions pour lesquelles les pouvoirs publics sollicitent ses avis éclairés, il est obligé à des ménagements qui lui interdisent les banquets. Permettez-moi de lui adresser, en votre nom, l'hommage affectueux que mérite ce savant si modeste, cet homme de cœur et de devoir que l'on trouve toujours prêt à intervenir quand il s'agit de défendre les intérêts de la profession. *(Applaudissements unanimes.)*

« Or, les premières communications qu'a reçues la nouvelle société dans sa séance inaugurale, tenue il y a exactement douze jours, ont eu trait, Messieurs, aux vases pharmaceutiques. Quand nos statuts furent arrêtés, quand notre bureau eut été constitué, mon éminent collègue, le professeur Raphaël Blanchard, nous apprit qu'un célèbre amateur de Genève allait mettre en vente sa très riche collection d'anciens pots de pharmacie et il nous adjura de tenter quelque chose pour l'acquérir au profit de la France.

« A ce moment, je venais de signaler à mes confrères la présence, à l'Ecole supérieure de Pharmacie de Paris, d'une collection semblable, quoique beaucoup plus modeste, et que nous devons à la générosité de quelques confrères, en particulier à celle de M. Henri Fialon. Elle comprend déjà environ 300 pièces, qui ont reçu l'hospitalité provisoire de M. le professeur Perrot dans le musée de Matière médicale de l'Ecole. Mais le jour est proche où nos chères reliques recevront un logement plus approprié, qui permettra de les mieux mettre en valeur. Une belle salle vient d'être débarrassée et, n'était le mobilier, sur lequel je crois pouvoir compter d'ici peu de mois, la maison serait toute prête.

« Mais, pour la remplir, pour constituer un ensemble vraiment digne du nom de musée, il manquera encore quelques pièces rares de plus, quelques chevrettes et quelques mortiers venant s'ajouter aux autres. A Paris et dans les environs, plusieurs établissements s'enorgueillissent de posséder des objets d'art relatifs à l'archéologie pharmaceutique : ce sont le Louvre, le Musée de Cluny, le Musée de l'Armée, aux Invalides, la Pharmacie Centrale des Hôpitaux, la Manufacture de Sèvres, l'hôpital de Saint-Germain-en-Laye ; dans les départements, plusieurs Facultés mixtes ont installé des expositions permanentes de ces objets. N'est-il pas regrettable que l'Ecole supérieure de Pharmacie de Paris, si indiquée pour posséder une collection de ce genre, soit encore si en arrière par rapport à ces autres établissements ?

« Messieurs, je compte sur le zèle éclairé de la nouvelle *Société d'Histoire de la Pharmacie*, je compte sur vous-mêmes, sur votre influence, votre générosité et votre bon goût pour m'aider à réparer le temps perdu.

« Messieurs, je vous propose de lever nos verres en l'honneur de notre passé, pour la prospérité de notre Musée rétrospectif et je vous demande de féliciter avec moi, de son heureuse initiative, M. Charles Buchet, le fondateur de la Société naissante. »

Au discours de M. le Directeur de l'Ecole supérieure de Pharmacie, longtemps applaudi et jugé plein de finesse et d'utilité, succède celui de

## M. C. JONAS
*Président de la Société Royale de Pharmacie de Bruxelles:*

« Messieurs,

« Je remercie bien vivement M. Charles Buchet de la façon si aimable avec laquelle il a rappelé la présence d'un délégué de la pharmacie belge à cette si jolie fête, et je vous remercie aussi des applaudissements si chaleureux avec lesquels vous avez souligné cette partie de son discours. Je suis très touché de cette manifestation, et, bien que tous ceux qui m'entourent soient pour moi des étrangers tout au moins par leur naissance même, laissez-moi vous dire qu'au cours de cette soirée, je me suis réellement senti en famille. (*Applaudissements.*)

« Messieurs, en répondant à l'invitation flatteuse qui m'avait été adressée, je n'avais pas l'intention de prononcer un discours, et je vous avoue que je n'ai rien préparé pour vous remercier de l'accueil si charmant que vous m'avez fait. Et du reste qu'importe si je ne puis comme vous, les représentants de la Pharmacie Française, marier avec éloquence les nobles et si pénétrants accents de la plus belle des langues, la langue française, que nous aimons tant en Belgique et à la culture de laquelle nous nous adonnons avec tant d'infinies satisfactions, puisqu'à défaut d'en posséder toutes les merveilleuses ressources littéraires, je puis y suppléer en me laissant entraîner par le cœur, et je vous en demande pardon, pour caractériser la sympathie et les sentiments vrais de sincère confraternité que j'ai trouvés ce soir autour de moi. (*Nouveaux applaudissements*).

« Au nom de la Société Royale de Pharmacie de Bruxelles, que j'ai l'honneur de représenter, j'apporte au directeur, M. Charles Buchet, un sincère tribut d'hommages et de congratulations pour toute une vie si honorablement parcourue, et, en mon nom personnel, je suis heureux d'avoir pu m'asseoir à sa table. Puissent nos félicitations être pour lui un nouvel encouragement dans l'œuvre qu'il poursuit inlassablement. (*Applaudissements.*)

« M. le directeur de la Pharmacie Centrale de France a rappelé tantôt la situation financière solidement établie de cette grande maison: elle est bonne, elle est solide, elle est inattaquable, c'est une force que l'or ainsi attiré par la science. Mais est-ce tout?

« Tout à l'heure, en venant de Bruxelles, je lisais dans un de ces ouvrages à quatre-vingt-quinze centimes, avec lesquels on charme à peu de frais les loisirs d'un long voyage, que, dans notre siècle de vie intense, de vie à la vapeur, la richesse est vraiment la seule satisfaction... Puis, le feuillet tourné, je lisais une critique acerbe de la pauvreté. Non ! la richesse n'est pas la seule satisfaction : la Pharmacie Centrale de France est riche : saluons sa fortune ; mais n'oublions pas ce que j'appellerai la richesse philosophique de cette belle maison ; dans ce sens encore, elle est riche de tout un capital de sympathies que ceux qui sont à sa tête ont su grouper autour d'elle. (*Applaudissements répétés.*)

« Et ici, messieurs, il est un homme à qui nous devons faire une place à part, c'est le docteur Viron, pharmacien en chef de la Salpêtrière. (*Applaudissements.*) Ce modeste qui, en ce moment, ose à peine me regarder (*Rires*), me permettra d'évoquer ici avec émotion les conditions dans lesquelles nous avons noué des relations de confraternelle amitié.

« Il y a quelques années, je rencontrai M. le docteur Viron en Belgique. Nous étions allés, l'un et l'autre, chercher quelque repos, pendant de courtes vacances, dans les environs de Namur, dans un des jolis coins de la vallée de la Meuse, que les Belges ont l'habitude d'appeler « un petit trou pas cher ». Nos familles habitaient le même hôtel, et un même désir semblait nous animer l'un et l'autre d'entrer en conversation ; une affinité inexpliquée nous attirait, mais notre mutuelle discrétion nous faisait rester chacun dans son coin. Un beau jour, pourtant, la glace se brisa, et, depuis, nos deux familles firent ensemble toute la série des excursions classiques de ce pays.

« Certes, M. le docteur Viron n'était pas venu chez nous pour essayer d'établir une analogie quelconque avec les sites merveilleux de votre beau pays de France ; il songeait encore moins à comparer notre petite vallée de la Meuse avec les splendeurs des gorges du Tarn. Il était venu là, tranquillement, chercher, dans un pays modeste, un peu de repos à des travaux absorbants et mon seul désir alors était de ne pas troubler une quiétude chère. Nous parlâmes fort peu de pharmacie et depuis, jamais je ne retrouvai l'occasion d'exprimer à M. le docteur Viron mes sentiments à son égard.

« Mon cher confrère et ami, les temps sont changés et ce soir je prends ma revanche. Dans ce millieu d'hommes de science, vous mé permettrez de vous dire tout le bien que je pense de vous et qu'en pensent aussi tous nos amis de Belgique. Je suis plus heureux encore de me faire l'interprète d'un sentiment de sympathie qui a volé par dessus les frontières. Les belles choses sont le fruit d'un labeur incessant. Vous avez voulu : vous trouvez aujourd'hui la digne récompense de toute une vie de travail et de laborieuse constance. (*Vifs applaudissements.*)

« Je salue également M. le ministre des colonies de France, M. Morel, qui préside ce banquet : nous ne sommes pas habitués, en Belgique, à voir des ministres s'asseoir à la table d'honneur dans un banquet de pharmaciens, et c'est avec respect et déférence que nous constatons ce fait. (*Rires et applaudissements.*)

« Messieurs, dans cette fête magnifique où éclate tant de joie, où vibre tant d'enthousiasme, vous avez fait briller, au-dessus de nos têtes, deux mots qui sont tout un programme : Honneur ! Confraternité ! Gravée sur les ailes d'or de la Renommée, que cette noble devise porte loin, toujours plus loin la belle réputation de la pharmacie française, de la Pharmacie Centrale de France et du journalisme scientifique français. (*Vifs applaudissements répétés.*)

M. le Président donne la parole à

### M. DARDANNE, *Pharmacien,*
*Maire du IV<sup>e</sup> arrondissement de Paris.*

« MESSIEURS,

« Je ne passe jamais devant notre vieille et glorieuse Pharmacie Centrale de France sans être aussi ému que, lorsque revenu dans mon pays natal, je retrouve à sa place la maison paternelle. Heureux et fier d'appartenir au corps pharmaceutique auquel je reste attaché par les fibres les plus intimes de mon cœur et de mon esprit, je sais que la Pharmacie Centrale est un temple de la science et de l'honnêteté françaises : je sais qu'on y retrouve les plus précieuses traditions du bon vouloir et du bon savoir et qu'elle est un centre unique d'où rayonne sur le pays entier une bienfaisante influence.

« Il m'est donc particulièrement doux, Messieurs, de saluer ici, au nom de la Municipalité du IV<sup>e</sup> arrondissement de Paris, l'éminent Directeur de cette grande et vénérable maison, M. Charles Buchet, fidèle gardien de ses principes salutaires, exemple de science et d'honneur, qui est pour notre profession comme un drapeau vivant. Permettez-moi d'associer à cet hommage l'un des nôtres, arrivé au sommet des dignités officielles, M. le Ministre Jean Morel. Il reste de tout cœur avec nous, fidèle à une profession où l'on sait se dévouer et apprendre sans peine à servir son pays.

« Messieurs, cette fête commémorative organisée pour fêter l'*Union Pharmaceutique*, déjà si vieille, et que chaque année qui passe fait plus jeune en la faisant plus forte, a aussi pour but particulier de célébrer les services rendus à notre grande profession par notre presse pharmaceutique et en particulier par un journal important entre tous à nos yeux, car cet organe corporatif a mérité notre reconnaissance pour l'étendue des services qu'il nous a rendus, qu'il nous rend, qu'il nous rendra.

« Et, à ce propos, ne nous est-il pas permis d'affirmer que notre corporation possède des journaux spéciaux dont le tirage et l'autorité peuvent être comparés à ceux de certains grands quotidiens? D'où vient donc que les journaux qui se flattent de s'adresser au grand public et qui font paraître à tout instant des pages entières ou des colonnes sur des objets touchant à la médecine, ne font aucune place à la pharmacie et à la science pharmaceutique, ailleurs que dans la partie réservée à la publicité? Il y a là, de la part des esprits avisés qui dirigent la presse quotidienne, une étrange erreur ou un surprenant préjugé et même un peu d'ingratitude. Préjugé ou erreur, n'y a-t-il pas, à l'origine de cela, ce fait que les pharmaciens n'ont pas, comme les médecins, le temps de se répandre dans les rédactions et qu'ils se sont laissé devancer par les disciples d'Hippocrate, qui sont assurément nos plus précieux collaborateurs, disons même nos directeurs, mais qui ont une tendance un peu trop déclarée à croire que le médecin est tout dans la médecine et à oublier les menus services qu'ils doivent au remède et au praticien qui l'a préparé...

« Je me réjouis vivement de la création d'une Société d'Histoire de la Pharmacie fondée par nos maîtres et que soutiendra l'*Union Pharmaceutique* ; mais je souhaite que d'autres journaux que les nôtres, rompant un silence qui est une injustice, découvrent que la pharmacie française a un passé et un présent d'une importance scientifique primordiale.

« Une partie des plus précieuses découvertes de la chimie est sortie de nos laboratoires. Ils sont nombreux ceux de nos ancêtres, ils sont nombreux ceux de nos contemporains qui ont compté ou qui comptent parmi les bienfaiteurs de l'humanité. La médecine est très grande, la chirurgie est très belle, mais la pharmacie est belle et grande aussi. Elle exige des études et entraîne des responsabilités qu'il ne faut pas laisser méconnaître. Tant au point de vue du passé que du présent et de l'avenir, la Société d'Histoire de la Pharmacie apportera une contribution intéressante à l'activité de la vie scientifique française et servira puissamment à mettre en lumière les mérites de notre profession trop souvent méconnue. On y parlera de ceux dont le souvenir reste vivant dans nos mémoires : les Vauquelin, Guibourt, Berthelot, Moissan, Buignet, Chatin, Planchon, Riche, que continuent nos maîtres d'aujourd'hui : MM. Guignard, Gautier, Berthelot, Cazeneuve, Coutière, Grimbert, Lebeau, Moureu, Perrot, Radais, que voici au milieu de nous et que je vous propose, pour finir, d'acclamer de ce cri que nous répèterons ensemble :

« Honneur et gloire à la Pharmacie Française ! »

Chaque passage du discours de M. le maire Dardanne est accueilli par des applaudissements chaleureux.

L'orateur qui lui succède est

### M. LINDET

*Professeur à l'Institut National Agronomique,*
*Président de la Société d'Encouragement pour l'Industrie nationale :*

« Messieurs,

« Il y a quelques semaines, M. Charles Buchet m'avait fait le très grand plaisir de m'inviter, au titre d'ami de la Pharmacie Centrale de France, à assister à ce banquet ; puis, ayant appris l'honneur dont je venais d'être l'objet, il me demanda de m'asseoir à votre table au titre de président de la Société d'Encouragement pour l'Industrie nationale.

« Ma capacité gastronomique ne me permet pas de diner deux fois ; mais ce que je ne puis demander à mon estomac, je puis l'exiger de ma parole et vous remercier d'abord comme président de la Société d'Encouragement pour l'Industrie nationale et ensuite comme ami.

« Je crois devoir rappeler que notre Société est une des plus vieilles de France. Elle a aujourd'hui cent douze ans ; elle est l'ancêtre, elle est la douairière des sociétés savantes industrielles. *(Applaudissements.)*

« Je veux justifier la confiance que mes collègues ont mise en moi, le jour où ils m'ont appelé à la présidence de cette société, en consacrant le meilleur de mes efforts à créer entre elle et les industriels un contact plus intime, et, de ce fait, plus profitable à la cause que nos ancêtres nous ont léguée.

« Il est une idée que j'ai déjà plusieurs fois soumise à M. Charles Buchet, qui m'a toujours écouté avec sympathie et bienveillance. Lorsque j'étais président de la Société Chimique de France, je lui ai demandé de vouloir bien fonder un prix destiné aux jeunes travailleurs qui nous entouraient, et de nous fixer un programme en rapport avec les besoins des industriels ; c'est cette idée dont je veux poursuivre la réalisation dans le nouveau poste que j'ai l'honneur d'occuper aujourd'hui.

« Parce que très ancienne, la Société d'Encouragement à l'Industrie nationale est très riche ; elle a beaucoup d'argent, elle en dépense beaucoup ; comme à toutes les personnes riches, il lui arrive parfois d'être un peu dans la misère ; mais enfin, elle conserve un capital solide et de bonnes rentes que l'on retrouve chaque année. Cet argent, nous avons cru que nous ne pouvions en faire un meilleur usage que de le consacrer à des recherches que nous confions à de jeunes savants, à de jeunes travailleurs des usines et des laboratoires. *(Applaudissements.)*

« Encore faut-il, direz-vous, que ces recherches ne soient pas vaines et ne s'égarent pas sur des questions dont l'industrie ne réclame pas la solution. Dans le but de faire rendre à ces recherches le maximum d'effet utile, nous demanderons aux industriels de nous dire quels sont les problèmes les préoccupant le plus dans leurs professions, et ces problèmes, nous essaierons de les faire résoudre, grâce aux subsides dont nous disposons.

« Je m'adresse donc aux industriels et spécialement, ce soir, aux industriels de la pharmacie et je leur dis : Posez-nous des questions, apportez-nous des problèmes à étudier, nous serons très heureux d'essayer, tout au moins, de donner une réponse à ces questions, une solution à ces problèmes. *(Vifs applaudissements.)*

« Mais je me hâte de quitter ces fonctions un peu officielles pour redevenir l'ami et remercier M. Charles Buchet de l'honneur qu'il m'a fait en me conviant à ce banquet, moi qui — je suis un peu confus de l'avouer, — ne possède pas le titre de pharmacien.

« Cependant, ici encore, je me sens un peu embarrassé. Il serait tout naturel que je lève mon verre à la prospérité de votre profession, au développement de la Pharmacie Centrale de France ; mais

ne serait-ce pas souhaiter l'accroissement du nombre des malades?
*(Rires.)*

« Heureusement, je crois avoir trouvé le moyen de me tirer d'af-
faire. En réalité, il y a toute une catégorie de malades dont le nombre
va sans cesse en croissant, ce sont les malades imaginaires. Ces
neurasthéniques sont légion et ce sont eux qui, je crois, consomment
le plus de médicaments. *(Sourires.)* Souhaitons donc qu'ils en pren-
nent de plus en plus pour le bénéfice de la pharmacie et des industriels pharmaciens.

« Je bois donc à la prospérité de la pharmacie, en souhaitant
qu'elle n'ait jamais à fournir que des médicaments inoffensifs aux
malades imaginaires et illusionnés ! *(Vifs applaudissements.)*

Nous allons avoir maintenant le plaisir d'entendre

### M. POULENC,
*Vice-Président de la Société Chimique de France*

qui s'adresse en ces termes à M. Charles Buchet, puis à l'assem-
blée tout entière :

MONSIEUR,

« En m'accréditant auprès de vous pour représenter la Société
Chimique de France, M. de Laire, son président, vous a dit tous ses
regrets de ne pouvoir assister à cette belle fête du cinquantenaire de
votre excellent journal l'*Union Pharmaceutique*. Il eût été cependant
d'autant plus heureux de vous apporter lui-même les félicitations de
la Société, que cette dernière, il y a quelques semaines à peine, vous
montrait en quelle estime particulière elle tient le directeur de la
Pharmacie Centrale en vous appelant à siéger dans son conseil. *(Nombreux applaudissements.)*

« Puisque cet honneur m'échoit, laissez-moi m'en féliciter au
double titre de collègue et d'ami, bien qu'à vrai dire, mon cas soit,
ce soir, des plus singuliers.

« MESSIEURS,

« Appelé à prendre la parole devant vous pour retracer le rôle
scientifique joué par l'*Union Pharmaceutique* dès son origine, soit
dans ses comptes rendus si judicieux et si clairs, soit dans les
articles originaux de ses éminents collaborateurs, quelle n'a pas été
ma surprise, en feuilletant l'ouvrage si attrayant et si documenté de
M. Eugène Guitard : *Deux siècles de Presse au service de la Pharmacie*,
de constater que mon discours s'y trouvait tout au long imprimé.
Et cela d'une façon si complète, si heureuse, que je ne puis que vous
renvoyer aux pages charmantes et remplies d'anecdotes où l'auteur,
dans son chapitre : « l'*Union Pharmaceutique* et la science » a su faire
revivre les grandes figures des Bouchardat, des Filhol, des Planchon,
des Schlagdenhaufen, des Jacquemin et des Deroide, pour ne parler
que des disparus.

« Messieurs, j'avoue — un peu de honte est si vite passé, — n'avoir

ବ— 19 —

qu'à me louer d'un procédé si délicat qui m'a évité un très gros travail de compilation, mais permettez-moi de vous louer bien davantage encore d'avoir échappé à l'ennui de subir mon discours.

« Cependant, il me reste un devoir très agréable à remplir, c'est celui de remercier le Directeur de la Pharmacie Centrale de sa constante et bienveillante sollicitude envers nos jeunes chimistes.

« Depuis l'année 1905, M. Charles Buchet, répondant aux sollicitations de l'un de nos anciens Présidents, M. Lindet, met tous les ans, à l'entière discrétion de la Société Chimique, une somme de 250 fr. destinée à récompenser le travail que la société estime le plus digne d'être encouragé.

« On ne saurait trop applaudir à un geste désintéressé, qui contribue à enrichir la science française de nouvelles découvertes.

« C'est pourquoi, au nom de la Société Chimique de France, je bois à la prospérité toujours croissante de l'*Union Pharmaceutique*, à son très distingué Directeur, M. Charles Buchet, et permettez-moi d'y joindre le nom du très sympathique rédacteur principal, M. le docteur Lucien Viron. »

Ce discours obtient un vif succès.

Le silence se fait de nouveau quand on voit se lever

M. LE D<sup>r</sup> CAZENEUVE,

*Professeur*, *Sénateur du Rhône*.

« MESSIEURS,

« Puisque les initiateurs de cette belle réunion ont eu la pensée aimable de me confier la présidence de ce banquet, j'ai le devoir, à mon tour, de prononcer quelques paroles. Je serai très bref, vous le pensez bien, après les discours éloquents et si pleins d'à-propos que vous avez entendus ; mais c'est pourtant pour moi une dette : je m'en acquitte avec plaisir. *(Applaudissements.)*

« La Pharmacie Centrale de France, qui occupe, parmi nos industries et notre grand commerce, une des plus honorables places, a cette pensée qui lui est chère, que, dans la profession pharmaceutique, on peut allier la science à l'initiative commerciale. Ce fut déjà une des grandes idées de Dorvault qui chercha à la traduire en fondant l'*Union Pharmaceutique* dont nous fêtons aujourd'hui le cinquantenaire.

« J'ai eu la curiosité de lire l'avis au lecteur placé en tête du premier numéro, comme une préface de cette œuvre qui remonte à un demi-siècle ; j'y ai trouvé quelques phrases que je ne citerai pas de mémoire, de peur d'en altérer peut-être le sens, mais que j'ai copiées à votre intention, car elles méritent d'être retenues. Les voici :

« La seule ambition de l'*Union Pharmaceutique* est de jouer le rôle
« d'un ami anonyme, qui viendra mensuellement s'asseoir au foyer
« du pharmacien, le tenir au courant des nouveautés scientifiques,
« encourager son goût pour le travail, lui conter la chronique pro-
« fessionnelle, et quelquefois, lui faire agréer des conseils. »

« Ce programme posé en termes si nobles a été merveilleusement rempli. *(Applaudissements.)*

« Mais le très sympathique et très distingué directeur, M. Charles Buchet, a pensé qu'il ne convenait pas seulement de fêter le cinquantenaire de l'*Union Pharmaceutique*, mais aussi d'associer, dans cette manifestation, le journalisme pharmaceutique tout entier. Aussi a-t-il confié à M. E. Guitard, un archiviste-paléographe des plus distingués et qui a pris l'amour de la profession pharmaceutique sous le toit paternel, le soin d'exhumer des poussières des archives les vieux souvenirs du journalisme pharmaceutique. *(Applaudissements.)*

« Quoiqu'un parlementaire ait beaucoup de choses à lire, ne serait-ce que la correspondance de ses électeurs *(rires)*, j'ai lu ce matin de nombreuses pages du volume très intéressant dont je parle, et je tiens à en louer très cordialement son auteur. *(Nouveaux applaudissements.)* Messieurs, lorsque vous aurez lu cet ouvrage — car vous le lirez, — vous apprécierez un travail qui sera suivi de beaucoup d'autres : la Société d'Histoire de la Pharmacie se doit de poursuivre les recherches dans une voie si brillamment ouverte.

« J'ai trouvé, au cours de ma lecture, une page qui n'est peut-être pas nouvelle pour vous, mais qui l'était presque pour moi ; elle est due à la plume de l'illustre Fourcroy. L'auteur y fait un peu le procès de la polypharmacie, il ne nomme pas la thériaque, mais il y pense et il félicite les pharmaciens de s'adonner à la chimie qui, dit-il, est la science de l'avenir et qui rénovera la pharmacie.

« On ne pouvait être meilleur prophète. Et je vous avoue que, après avoir lu ces quelques lignes si judicieuses, j'ai presque achevé le volume.

« Mais fouiller les archives de deux siècles d'histoire de la pharmacie française pour la condenser en un seul livre, c'était faire une œuvre forcément incomplète. Aussi devons-nous hautement louer M. Charles Buchet d'avoir pris, avec quelques amis de cœur, l'initiative de la création de la *Société d'Histoire de la Pharmacie*. L'introduction si suggestive présentée tout à l'heure par M. Gautier, son éminent président, nous est un sûr garant de l'intérêt que présentera l'œuvre ainsi entreprise. *(Applaudissements.)*

« Vous ferez partie de cette Société, Messieurs, pour y trouver le repos que vous auront mérité vos recherches parfois ardues. Un penseur n'a-t-il pas dit que le repos était dans la variété des occupations ? Un peu d'histoire des sciences d'autrefois venant interrompre les études scientifiques modernes, rien de tel pour délasser l'esprit en le charmant.

« Messieurs, après le baptême que nous fêtons aujourd'hui, tout en célébrant des noces d'or, le trait-d'union est définitivement établi entre le passé et l'avenir. Et c'est à cet avenir que je bois. *(Applaudissements.)*

« Mais je n'ai garde d'oublier la maison à l'appel de laquelle ont répondu en si grand nombre les parlementaires, les professeurs de l'Université de Paris, les chimistes, les pharmaciens civils et militaires, les économistes, tous ceux enfin que je vois autour de ces tables. La large place qu'elle occupe dans le pays, le rôle industrie considérable qu'elle y joue, lui permettront de continuer aisément à aider la pharmacie à poursuivre sa tâche dans la voie scientifique dont elle ne devrait jamais sortir. *(Vifs applaudissements.)*

« Messieurs, je lève mon verre à la santé de mon éminent collègue, M. Jean Morel, ministre des Colonies, qui est venu, avec tant de bonne grâce, s'asseoir au milieu de nous, pour montrer l'attachement qu'il conserve à la profession de pharmacien. Il s'est donné pour tâche de défendre les intérêts de la plus grande France, aussi chère à tous les cœurs que la Métropole ; son expérience, son zèle laborieux rendront à la France d'Europe et à la France d'outre-mer les plus signalés services. Je bois à son œuvre sûrement féconde ! Je bois à la *Pharmacie Centrale de France* ! Je bois à l'avenir de la Pharmacie régénérée par la science ! *(Applaudissements vifs et répétés.)*

Après M. le professeur Cazeneuve, il ne nous reste plus qu'à écouter

M. Jean MOREL,

*Ministre des Colonies.*

« **Messieurs,**

« Comme le disait M. le sénateur Cazeneuve, je suis venu à cette belle fête à titre d'ami, à titre de confrère, de membre fidèle de la grande famille pharmaceutique et médicale française. *(Applaudissements.)* J'y suis venu pour commémorer avec vous le cinquantenaire de l'*Union Pharmaceutique* et pour répandre quelques fleurs, quelques espoirs sur le nouveau-né que nous acclamions tout à l'heure, la Société d'Histoire de la Pharmacie. Dans cette fête de famille, je vois l'aïeule vénérable portant dans ses bras protecteurs le jeune enfant tenu récemment sur les fonts baptismaux et lui prédisant une destinée glorieuse et féconde. *(Vifs applaudissements)*.

« Je salue tous ceux qui se sont associés à cette cérémonie, MM. les membres de l'Académie de Médecine, les professeurs, les praticiens, les industriels, les amis de la pharmacie, tous ceux qui par leur labeur personnel et leurs efforts collectifs accroissent chaque jour la prospérité de notre belle nation française ; en particulier, je suis heureux de saluer ce soir l'éminent représentant de la pharmacie belge, M. Jonas, vice-président de la Société Royale de Pharmacie de Bruxelles, qui nous a charmés tout à l'heure par son allocution vibrante, pleine de cœur et d'éloquence. *(Applaudissements)*

« Si M. Jonas est né de l'autre côté de la frontière, je répète, après lui, que par dessus les frontières, nos cœurs se rassemblent et nos volontés se confondent. *(Nouveaux applaudissements.)* La Belgique et la France ont des gouvernements amis ; les deux peuples entretiennent les relations les plus cordiales et les plus suivies, et je prie M. Jonas de dire à ses concitoyens quelle sympathie nous avons pour eux, et avec quelle fidélité nous entretenons cette amitié. *(Applaudissements répétés.)*

« Messieurs, parmi les ouvriers de cette grande œuvre nationale dont on a parlé, il en est que nous ne devons pas oublier et que moi, plus que tout autre, je dois rappeler aujourd'hui : ce sont ceux qui au loin portent glorieusement le drapeau tricolore, qui se massent autour de lui pour le défendre aux heures critiques et qui font cette plus grande France dont parlait M. le sénateur Cazeneuve. Partout, lorsqu'il y a un blessé à secourir, une épidémie à pourchasser et à enrayer, ceux dont je parle se précipitent avec ardeur et conviction toujours au premier rang : ce sont les pharmaciens et les médecins des troupes coloniales. (*Vifs applaudissements*).

« Leur œuvre, quoique silencieuse et peu connue du grand public, est considérable, et j'ai eu le vif plaisir, ces jours derniers, de jeter un coup d'œil sur le livre d'or de leur histoire. Dans toutes les étapes de notre développement colonial, on les voit à pied d'œuvre. Pendant la conquête, ils assistent les combattants et vont, sur le champ de bataille, ramasser les blessés pour lesquels ils risquent souvent leur vie ; en silence, ils prêtent un concours de tous les instants aux troupes qui se rangent sous les plis de notre drapeau et le font avancer peu à peu dans le pays. On les a vus au Tonkin, au Soudan, au Dahomey, en Cochinchine, en Chine, et qui donc a pu oublier ceux qui, dans des récents combats, au Maroc, achetèrent de leur vie le succès de nos armes ? (*Applaudissements*) Citerai-je au hasard les noms de Grall, Laintenois, Rouche, Mariolte ? et j'en passe... Combien d'autres tombèrent mortellement frappés qui illustrent aujourd'hui les pages glorieuses de l'histoire de la pharmacie coloniale.

« La conquête terminée, c'est un autre ennemi qu'il faut combattre, les épidémies, les maladies endémiques, ces forces mystérieuses qui à chaque instant mettent en péril la vie des indigènes et des colons. Quelles sont alors les troupes de première ligne qui luttent contre ces fléaux redoutables et assainissent le pays ? Ce sont encore et toujours les médecins et les pharmaciens des troupes coloniales. Pour ne rappeler que quelques noms, vous dirai-je comment sont tombés les médecins militaires Baillif, Grange, Joncour, le pharmacien Gueit, qui succomba pendant l'épidémie de fièvre jaune de 1900 ? Vous rappellerai-je l'héroïsme de Mesny, mort pendant l'épidémie de peste qui ravagea la Mandchourie ? Tous ont fait gaiement le sacrifice de leur vie, et l'exemple de ces illustres devanciers ne fait qu'augmenter la fièvre de devoir des jeunes générations.

« Si l'œuvre de colonisation, de pénétration est confiée à l'administration, la tâche des pharmaciens et médecins des troupes coloniales n'est pas encore achevée ; ils fondent alors les instituts Pasteur, les laboratoires de recherches d'où sortent les remèdes nécessaires à la guérison des maladies contagieuses ; c'est dans des établissements créés par eux que Calmette s'est livré à ses remarquables recherches sur les sérums anti-venimeux, que Yersin a étudié le virus de la peste et de tant d'autres maux qui désolent nos possessions.

« Mais cette tâche ne leur suffit pas encore, ils fondent des hôpitaux pour les indigènes, ils pénètrent au cœur du pays et vont, avec une abnégation parfaite, porter la guérison à des malheureux qui les accueillent comme des bienfaiteurs, des sauveurs et faire ainsi d'autant plus chérir les couleurs françaises de ces populations que nous associons à nos destinées. (*Applaudissements*.)

« Tenez, Messieurs, un chiffre frappera vos esprits : l'an dernier, rien qu'en Indo-Chine, le corps de santé colonial a fait près de 1.200.000 vaccinations et donné plus de 500.000 consultations gratuites aux indigènes. Voilà, messieurs, l'œuvre admirable devant laquelle il faut s'incliner bien bas. (*Applaudissements répétés.*)

« Et pourtant, je le disais, ce sont des oubliés ; ils sont loin ; on ne pense pas à eux, sauf quand on les rencontre en France, où ils viennent se remettre des atteintes des climats meurtriers. Et même quand ils sont en congé, pensez-vous qu'ils songent à jouir en paix de quelques semaines d'un repos nécessaire et bien gagné ? Ils en profitent pour mettre à jour les éléments d'études amassés au cours de leurs voyages, pour acquérir de nouveaux diplômes et publier des travaux qui font honneur au corps d'élite auquel ils appartiennent.

« Messieurs, ce sont là de bons Français ! et moi qui les connais, qui ai pu les voir à la tâche, je salue avec joie le corps admirable des pharmaciens et médecins des troupes coloniales. (*Applaudissements.*)

« Ce n'est pas sortir de l'objet de cette réunion que de les associer à la fête de la pharmacie française. Encourageons-les ! L'extension et la mise en valeur de nos colonies, grâce auxquelles s'accroît la prospérité générale de notre beau pays, sont dues pour une bonne part à ces travailleurs silencieux : nous ne saurions l'oublier, nous ne l'oublierons pas. (*Vifs applaudissements.*)

« Messieurs, je termine cette trop longue allocution. En levant mon verre à ces bons Français qui, par-delà les mers, loin des leurs restés dans la métropole, rehaussent ainsi le prestige du nom français, je bois à notre grande France que tous nous aimons et défendrions jusqu'à la dernière goutte de notre sang, je bois à son rayonnement pacifique et libérateur dans le monde ! »

Pour la dernière fois les applaudissements éclatent de partout. Cet élan d'enthousiasme montre au ministre combien ses paroles ont remué les cœurs.

La soirée étant fort avancée, on se lève, mais longtemps encore des groupes animés prolongent leurs conversations cordiales, tandis que les convives, comme à regret, serrent la main largement tendue de leur aimable hôte.

84383   Paris. — Imp. MAULDE, DOUMENC et Cⁱᵉ, 144, rue de Rivoli, Paris.